9 MOIS EN TOI

Prières pour la grossesse

9 MOIS EN TOI

Prières pour la grossesse

BIBLE EN FAMILLE

© 2023 Bible En Famille

Édition : BoD – Books on Demand, info@bod.fr

Impression : BoD – Books on Demand, In de Tarpen 42,
Norderstedt (Allemagne)

Impression à la demande

ISBN : 978-2-3224-8457-7

Dépôt légal : Juin 2023

Table des matières

I

Introduction

La grossesse est un moment unique et précieux dans la vie d'une femme. Mélange de joies, d'attentes ... et bien sûr de préoccupations ! Au travers de ce livre, nous prierons ensemble pour différents sujets liés à la maternité : pour votre bébé, bien sûr, mais aussi pour votre santé physique et spirituelle, pour votre couple et votre foyer qui s'agrandit, pour les choix auxquels vous serez confrontés ou encore pour les personnes qui vous entoureront durant cette saison de votre vie.

Comment utiliser ce livre ? Les prières sont classées par thématiques, référencées dans la table des matières. Libre à vous de choisir les sujets qui résonnent le plus dans votre cœur à un moment donné, selon vos besoins, vos préoccupations ou vos aspirations du moment. Bien plus que des "phrases à réciter", ces textes sont un point de départ pour vos propres prières ! Ce ne sont pas des "formules magiques" à répéter mais bien des cris du cœur : le début d'un échange riche entre Dieu et vous. Ma prière est qu'au-delà de simplement vous accompagner durant votre grossesse, ce livre vous fasse entrer dans une nouvelle dimension dans votre relation avec Dieu notre Père. Qu'il fasse naître en vous cette soif de connexion avec notre Créateur ! Une soif de voir Sa main agir concrètement dans votre vie. Une soif de Le connaître davantage, notamment au travers de Sa Parole, la Bible. Une soif d'entendre sa voix au travers de son Saint-Esprit.

Sachez-le : Dieu vous aime ! Il a voulu rétablir cette relation avec le monde en envoyant Jésus-Christ, son Fils Unique, pour nous réconcilier avec Lui. Et aujourd'hui encore, Dieu entend votre voix, et répond à votre appel ! Soyez bénie !

Ne vous inquiétez de rien; mais en toute chose faites connaître vos besoins à Dieu par des prières et des supplications, avec des actions de grâces. Et la paix de Dieu, qui surpasse toute intelligence, gardera vos cœurs et vos pensées en Jésus-Christ.

Philippiens 4:6-7

Je prie pour mon enfant

Merci pour la vie

C'est toi qui as formé mes reins, Qui m'as tissé dans le ventre de ma mère. Je te loue de ce que je suis une créature si merveilleuse. Tes œuvres sont admirables, Et mon âme le reconnaît bien.

Psaume 139:13-14

Seigneur,

Tu fais toutes choses à merveille ! C'est avec un cœur plein de reconnaissance que je m'approche de Toi aujourd'hui pour te remercier de ce bébé qui entre dans nos vies. Oui, merci pour cette vie que Tu fais grandir en moi. Merci pour ce don précieux.

Tu es notre Créateur, et c'est Toi-même qui tisses cet être dans le secret de mon ventre. Tu le formes avec soin et amour. Tu orchestres chaque détail de sa création ! Merci pour cette grossesse qui nous rappelle combien Tu es généreux envers nous !

Merci car Tu nous as conduits jusqu'à ce moment et que Tu continues de poser ta main protectrice sur nous. C'est une grâce d'accueillir parmi nous cet enfant, ce nouveau membre de la famille.

Que ton Nom soit loué, en toutes circonstances,

Au nom de Jésus,

Amen.

Pour son bon développement

L'enfant croissait, et se fortifiait. Il était rempli de sagesse, et la grâce de Dieu était sur lui.

Luc 2:40

Seigneur,

Bénis notre bébé, accorde-lui une croissance saine et harmonieuse, tant sur le plan physique que sur le plan mental et spirituel.

Que chaque cellule de son être se forme selon ton plan parfait. Protège notre enfant des maladies, des infections et de tout problème de santé.

Fortifie son système immunitaire, renforce ses organes et ses membres. Permets que chaque partie de son corps se développe avec précision et selon ce que Tu as prévu.

Seigneur, je te prie également pour le développement intellectuel et émotionnel de notre bébé. Qu'il puisse être curieux, avec une soif d'apprendre. Qu'il aime découvrir et comprendre ce qui l'entoure, et le voir avec tes yeux.

Remplis-le de ton amour et de ta paix, alors même qu'il est encore en moi. Entoure-le de tes bras bienveillants, et qu'il puisse ressentir ta présence dans sa vie. Sois son Guide et son Protecteur. Sois son Seigneur.

Que ta volonté soit faite dans chaque parcelle de notre vie,

Au nom de Jésus,

Amen.

Pour ses talents

Son maître lui dit: C'est bien, bon et fidèle serviteur; tu as été fidèle en peu de chose, je te confierai beaucoup; entre dans la joie de ton maître.

Matthieu 25:23

Dieu, notre Père,

Tu nous as créés chacun à ton image, avec des talents uniques. Merci pour l'appel que Tu as mis dans nos vies.

Je te prie particulièrement aujourd'hui pour notre enfant. Qu'il puisse apprendre à se connaître et découvrir toutes les capacités que Tu lui as données. Qu'il puisse grandir pleinement selon ce que Tu as prévu pour lui.

Apprends-lui à utiliser ses talents au service de ton royaume. Permets-lui de découvrir ses passions, ses compétences et ses intérêts spécifiques. Inspire-lui des rêves et des aspirations qui sont en accord avec ta volonté pour sa vie.

Seigneur, merci pour les ressources et les opportunités que Tu mettras sur son chemin pour développer ses talents. Ouvre des portes pour des rencontres qui l'aideront à grandir et à s'épanouir dans sa sphère d'influence.

Ô Dieu, préserve-le de l'orgueil et de l'égoïsme. Que son cœur puisse rester humble et reconnaissant, sachant que tout nous vient de Toi. Accorde-lui la sagesse d'utiliser ses talents pour ta gloire. Oui, utilise-le tel un instrument à ton service afin qu'il puisse être aussi une bénédiction pour les autres.

Merci Seigneur pour les merveilleuses choses que tu accompliras à travers notre enfant. Je te prie de le bénir abondamment et de l'utiliser pour accomplir ta volonté dans ce monde.

Au nom de Jésus,

Amen.

Pour ta protection durant la grossesse

L'Éternel te protégera de tout mal, il protégera ta vie. L'Éternel protégera ton départ et ton arrivée, dès maintenant et à jamais.

Psaume 121:7-8

Seigneur,

Tu es le Dieu de l'univers, Tu as créé le ciel et la terre, et Tu es aussi Celui qui donne le souffle à tout être vivant.

Je te prie pour notre enfant. Entoure-le de ta main protectrice, dès à présent, alors que tu le formes dans mon ventre, jusqu'à sa naissance et encore tout au long de sa vie sur terre. Préserve sa santé et son bien-être. Je prie pour chaque partie de son corps : qu'elle puisse grandir jusqu'à leur pleine capacité, celle que Tu as prévue pour lui.

En cet instant, je te demande particulièrement de le protéger de la maladie et de toute complication qu'il pourrait y avoir durant ma grossesse. Éloigne de lui toute infection, toute malformation et tout problème de santé. Préserve-le du danger. Continue de le tisser au sein de mon corps. Couvre-le de toute ta tendresse et permets-nous de l'aimer comme Toi, Tu l'aimes.

Merci Seigneur car Tu es un Dieu Bienveillant, et Tu prends soin de tes enfants,

Que ta volonté soit faite dans nos vies,

Au nom de Jésus,

Amen.

Pour ta protection dans sa vie

Dieu est pour nous un refuge et un appui, un secours qui ne manque jamais dans la détresse.

Psaume 46:1

Seigneur,

Tu es notre bouclier, et Tu nous protèges. Que Tu entoures notre enfant de ta présence durant toute sa vie.

Qu'il puisse être à ton écoute face aux influences de la vie. Et qu'il ait un profond désir de te suivre. Qu'il puisse être motivé par ton amour dans tout ce qu'il entreprend.

Protège-le aussi des dangers physiques : accidents, blessures, violence, ... Tu es Celui qui précède nos pas.

Ne le soumets pas à la tentation mais délivre-le du mal : éloigne de lui toute mauvaise compagnie et toute influence néfaste de ce monde. Accorde-lui d'être attaché à Toi et de faire des choix qui honorent ton nom.

Pour les difficultés et les obstacles qu'il rencontrera dans la vie, sois son refuge et son bouclier. Donne-lui la force de surmonter les défis et d'apprendre des moments difficiles.

Merci pour les plans que tu as prévus pour sa vie. Je sais que Tu es un Dieu Fidèle, qui nous connaît et qui nous fait grandir selon ta volonté,

Au nom de Jésus,

Amen.

Pour ses besoins

Et mon Dieu pourvoira à tous vos besoins selon sa richesse, avec gloire, en Jésus-Christ.

Philippiens 4:19

Seigneur,

Je te prie pour les besoins de notre enfant.

Ses besoins spirituels. Tu es Notre Source, Celui en qui nous trouvons refuge. Apprends-nous à enseigner tes voies à notre enfant et l'aider à développer une relation profonde avec toi.

Pour ses besoins émotionnels, aide-nous à lui offrir un environnement plein d'amour, où il peut grandir en sécurité, dans la confiance et la foi en toi.

Pour ses besoins physiques, accorde-lui encore la santé et pourvois à sa nourriture, son sommeil, son hygiène, sa sécurité. Tu es présent à chaque instant de nos vies et Tu veilles sur notre santé et notre bien-être. Accorde-lui des opportunités de grandir et de se développer sur tous les plans. Guide-nous aussi, en tant que parents, dans les activités appropriées pour soutenir son développement.

Pour ses besoins sociaux, je te prie que notre enfant puisse avoir des amis fidèles et des relations saines. Qu'il puisse aussi être entouré de personnes bienveillantes qui l'aideront à grandir à tous égards.

Seigneur, Tu connais Toi-même tous nos besoins. Je te prie pour ce qui dépasse notre intelligence et nos connaissances. Tu connais notre enfant mieux que personne et Tu sais ce qui est le mieux pour lui. Je te prie pour tous ses besoins spécifiques. Je te confie chaque détail de sa vie. Merci Seigneur, car Tu pourvois à tous nos besoins.

Au nom de Jésus,

Amen.

Pour le lien qui se tisse entre nous

Comme un père a compassion de ses enfants, l'Éternel a compassion de ceux qui le craignent.

Psaume 103:13

Seigneur,

Merci pour la relation qui se tisse entre bébé et nous, alors même qu'il est encore dans mon ventre. Bénis ces premiers instants de vie et permets que notre lien soit profond et significatif, rempli de confiance, d'amour et de compréhension mutuelle.

Aide-nous Seigneur à créer un environnement favorable pour que ce lien grandisse, pour que nous soyons à l'écoute des besoins de notre bébé. Donne-nous aussi ta force et ta patience pour le nourrir, le protéger et le consoler. Aide-nous à répondre avec amour à ses demandes.

Que nous puissions nous comprendre et avoir une communication profonde. Apprends-nous aussi à être attentif à ses signaux et à ses besoins, à avoir la patience de l'écouter avec attention et de lui répondre avec amour, même avant qu'il ne puisse parler. Guide-nous pour trouver comment lui exprimer notre amour et notre soutien, même s'il est encore dans mon ventre. Révèle-nous comment il aime être aimé, son langage de l'amour.

Merci Seigneur d'être toujours là, avec nous.

Au nom de Jésus,

Amen.

Pour son prénom

Ainsi parle maintenant l'Eternel, qui t'a créé, ô Jacob! Celui qui t'a formé, ô Israël! Ne crains rien, car je te rachète, Je t'appelle par ton nom: tu es à moi!

Esaïe 43:1

Seigneur,

Tu te préoccupes de chaque détail de notre vie. Et aujourd'hui, je viens à Toi particulièrement pour le choix du prénom de notre enfant. Comme Tu nous l'enseignes dans la Bible, ce nom que nous donnerons à notre enfant est important. C'est une parole prononcée sur sa vie. Qu'elle soit, Seigneur, une parole de bénédiction. Tu es le Dieu qui nous appelle par notre nom.

Que ton Esprit Saint nous guide dans le choix de ce prénom. Aide-nous à choisir un prénom qui reflète notre amour pour Toi et notre désir que notre enfant grandisse dans la foi et la crainte de Toi. Montre nous les significations des différents prénoms et leur origine. Que nous puissions trouver un prénom qui porte une signification selon l'appel que Tu as prévu sur la vie de notre enfant.

Seigneur, que nous puissions aussi nous accorder pour ce choix de prénom. Que la décision puisse se faire dans la paix. Permets que nous puissions discerner ensemble le prénom qui résonne dans nos cœurs et qui nous unit en tant que famille.

Merci Seigneur car Tu es présent dans chaque parcelle de nos vies. Que tout soit fait en ton honneur,

Au nom de Jésus,

Amen.

Je prie pour moi !

Merci pour la vie qui grandit en moi

Dès qu'Élisabeth entendit la salutation de Marie, son enfant tressaillit dans son sein, et elle fut remplie du Saint-Esprit. Elle s'écria d'une voix forte: Tu es bénie entre les femmes, et le fruit de ton sein est béni.

Luc 1:41-42

Seigneur, c'est plein de reconnaissance que je viens devant toi, pour te remercier de ce merveilleux cadeau qui est la grossesse.

Quand je vois ce que Ta main a créé, je suis émerveillée. Émerveillée par ce petit être que Tu formes jour après jour au sein de mon corps.

Seigneur, Tu es Bon, Généreux et Fidèle envers moi. Je mesure ce privilège de porter un enfant. Aide-moi à prendre conscience de la responsabilité qui m'incombe. Aide-moi à devenir mère, et entrer pleinement dans le rôle que Tu as prévu pour moi.

Merci pour chaque instant, chaque mouvement et chaque battement de cœur que je peux ressentir. Tous ces petits détails qui me rappellent que Tu es là et que Tu m'aimes.

Au nom de Jésus,

Amen.

Merci pour ta présence en cette période de grossesse

Ne crains rien, car je suis avec toi; ne promène pas des regards inquiets, car je suis ton Dieu; je te fortifie, je viens à ton secours, je te soutiens de ma droite triomphante.

Ésaïe 41:10

Seigneur,

Tu es mon Dieu, Tu es mon Père ! Merci car Tu me protèges et Tu m'entoures de tes mains bienveillantes.

Merci pour ces changements qui s'opèrent dans mon corps, mais aussi dans mon cœur. La grossesse n'est pas toujours facile, et mes hormones me jouent parfois des tours ! Mais, par ta grâce, Tu me donnes la force de faire face à ses défis et à m'adapter à toutes ces transformations. Je veux accepter ces changements avec gratitude, avec reconnaissance.

Ta présence, Seigneur, est si précieuse pour moi. Merci pour ton amour inconditionnel. Merci car Tu entends quand je t'appelle, et je peux me confier en Toi. Je traverserai ce chemin la main serrée dans la tienne. Tu es mon Dieu, et je suis ton enfant.

Au nom de Jésus,

Amen

Pour être encore plus près de Toi en cette période particulière

---

Celui qui demeure sous l'abri du Très-Haut repose à l'ombre du Tout-Puissant. Je dis à l'Éternel: Tu es mon refuge et ma forteresse, mon Dieu en qui je me confie.

Psaume 91:1-2

Seigneur,

Merci pour ce temps de grossesse durant lequel je peux explorer une nouvelle partie de qui je suis. Tu m'apprends cette nouvelle facette de moi, dans cette identité de mère.

Que notre relation puisse grandir de cette période. Que je puisse trouver du temps pour me plonger encore dans ta Parole et méditer sur tes enseignements. Donne-moi une soif de connaître davantage ta vérité et une capacité d'écouter ta voix dans ma vie quotidienne.

Remplis-moi, mon Dieu, de ton Esprit Saint, afin que je puisse être guidée par Toi dans l'éducation de mes enfants. Aide-moi à leur transmettre avec passion et authenticité Ta Parole, qui est la Vérité. Permets que ma foi soit un exemple vivant pour eux, les inspirant à grandir dans leur propre relation avec Toi.

Seigneur, j'ai besoin de ta sagesse et ta patience pour répondre aux questions de mes enfants. Aide-moi à être ouverte à leur curiosité et à leurs doutes. Merci aussi pour les fois où leurs questions me feront grandir. Donne-moi les mots justes pour les guider vers Toi. Permets que ma présence et mes paroles reflètent ton amour et ta grâce.

Fortifie ma foi, Seigneur, face aux défis de la parentalité. Je veux persévérer dans la prière et te faire confiance. Chacune de mes inquiétudes et de mes difficultés sont entre tes mains. Tu es mon réconfort.

Au nom de Jésus,

Amen.

Pour une grossesse en bonne santé

Ne sois point sage à tes propres yeux, crains l'Éternel, et détourne-toi du mal: ce sera la santé pour tes muscles, et un rafraîchissement pour tes os.

Proverbe 3:7-8

Seigneur,

Je te confie pleinement ma grossesse. Chaque mois, chaque semaine, chaque jour. Tu entends mes prières et Tu accomplis des merveilles encore aujourd'hui.

Je te prie pour ma propre santé physique et émotionnelle. Donne-moi la force de supporter les situations parfois inconfortables de la grossesse. Accorde-moi un sommeil réparateur, une alimentation saine et ta paix, que rien ne peut enlever.

Aide-moi Seigneur à être à l'écoute de mon corps pendant cette période. A reconnaître les signaux et les besoins de mon corps, et d'agir en conséquence pour notre bien-être.

Seigneur, je te confie également mes préoccupations et mes peurs. Tu es mon Rocher, et tu dissipes toute anxiété ou inquiétude qui pourraient nuire à ma santé et à celle de mon bébé. Ranime ma confiance en Toi : Tu es Dieu Tout-Puissant, et je sais que je verrai encore ta main agir dans ma vie !

Merci encore d'être avec moi à chaque pas,

Au nom de Jésus,

Amen.

Pour les choix dans mon parcours médical

Recommande ton sort à l'Éternel, mets en lui ta confiance, et il agira.

Psaume 37:5

Seigneur,

J'ai besoin de Toi et de ta sagesse dans toute la gestion de ma grossesse. Je reconnais que ton plan est parfait. Eclaire-moi sur les décisions à prendre, que ce soit pour ma santé ou encore celle de mon bébé.

Renouvelle mes pensées, mon intelligence pour comprendre les choix qui s'offrent à moi. Aide-moi à choisir ce qui est le mieux, selon ce que Toi-même as prévu, et non seulement selon ce que mon regard humain peut voir.

Je dépose à tes pieds tous mes soucis, mes peurs et mes incertitudes liés à ce suivi médical. Calme mon cœur et dissipe toute anxiété. Que ta paix qui surpasse toute intelligence garde mon cœur et mes pensées en Jésus-Christ.

Amen.

Quand je suis fatiguée

Venez à moi, vous tous qui êtes fatigués et chargés, et je vous donnerai du repos. Prenez mon joug sur vous et recevez mes instructions, car je suis doux et humble de cœur; et vous trouverez du repos pour vos âmes. Car mon joug est doux, et mon fardeau léger.

Matthieu 11:28-30

Seigneur,

Ce n'est pas facile. On voit parfois la grossesse comme un doux chemin paisible ... mais je dois avouer qu'il m'arrive de tomber de mon petit nuage !

Je suis épuisée. J'ai besoin de ta force. Aide-moi à prendre soin de moi-même et de mon bébé avec patience et résilience. Aide-moi à faire face aux inconforts physiques qui accompagnent la grossesse. Les maux de dos, les nausées, les insomnies et autres symptômes qui rendent certaines de mes journées vraiment difficiles. Permets-moi de trouver du réconfort en Toi et de trouver refuge dans tes bras lorsque j'ai l'impression que tout va lâcher.

Je veux garder mon regard fixé sur Toi. Merci pour la joie et la beauté de la vie que je porte en moi. Je veux continuer de me réjouir, et cultiver cette attitude de reconnaissance. Car oui, Seigneur, Tu m'as bénie ... et Tu me bénis encore, même lorsque les défis sont nombreux.

Merci Seigneur, car je peux être vraie devant Toi. C'est Toi qui me libères et qui me guéris. Et je T'aime.

Au nom de Jésus,

Amen.

Quand j'ai besoin de calme

C'est dans la tranquillité et le repos que sera votre salut, C'est dans le calme et la confiance que sera votre force.

Esaïe 30:15

Seigneur,

Tu as dit : c'est dans le calme et la tranquillité que sera notre force. Et aujourd'hui, j'ai besoin d'entrer dans ce calme et cette tranquillité.

Tout s'agite autour de moi. Même mes pensées sont agitées. En cette période de grossesse, je veux me reposer en Toi, sachant que Tu tiens toutes choses entre tes mains.

Libère-moi de toute anxiété et de toute peur, et remplace-les par ta paix qui dépasse toute intelligence. Je veux continuer de faire confiance à ton plan parfait pour moi et pour mon enfant, sachant que tu es avec nous à chaque étape.

Permets-moi de trouver du réconfort en sachant que Tu veilles sur nous et que Tu pourvois à tous nos besoins. Toi seul es la source de ma paix. Je veux tout t'abandonner. Encore.

Au nom de Jésus,

Amen.

Quand la peur me saisit

Quand je marche dans la vallée de l'ombre de la mort, je ne crains aucun mal, car tu es avec moi: ta houlette et ton bâton me rassurent.

Psaume 23:4

Seigneur,

Je suis inquiète et j'ai peur. Je me tourne vers Toi car Tu es mon Dieu, Puissant et Compatissant. Je sais que je peux compter sur ta paix.

Je te confie toutes mes craintes et mes inquiétudes concernant ma grossesse et l'accouchement. Je vis des moments pleins d'incertitudes, mais je crois en ta présence constante et en ton amour qui chasse toute peur.

Dieu, mon Père céleste, je reçois maintenant ta paix. Comme Tu as calmé la mer au milieu de la tempête, Tu apaises aussi mon esprit agité et mon cœur troublé. Je veux encore trouver mon repos en Toi, car je sais que Tu veilles sur moi et sur mon enfant.

Chasse mes peurs, mon anxiété. Je veux me saisir de ta parole qui me dit : "Ne crains rien, car je suis avec toi". Oui, toutes mes préoccupations, je les remets entre tes mains. Je veux choisir la joie et la gratitude, même lorsque les circonstances ne me semblent pas favorables. Je choisis de te faire confiance, même quand je ne comprends pas vraiment pourquoi je passe par là.

Au nom de Jésus,

Amen.

Pour le jour de l'accouchement

Fortifiez-vous et ayez du courage! Ne craignez point et ne soyez point effrayés devant eux; car l'Éternel, ton Dieu, marchera lui-même avec toi, il ne te délaissera point, il ne t'abandonnera point.

Deutéronome 31:6

Seigneur,

J'avoue, je suis un peu stressée. Mais je suis aussi reconnaissante car je peux trouver en Toi mon Refuge. Tu tiens ma vie entre tes mains. Merci car Tu m'aides à traverser chaque étape de ma grossesse.

Aujourd'hui, j'aimerais te prier particulièrement pour mon accouchement. Permets que mon corps soit complètement opérationnel pour le jour J ! Renforce mes muscles, donne-moi de la force et de la résilience pour faire face à chaque contraction et à chaque effort.

Seigneur, j'ai besoin de Toi sur la durée. Accompagne-moi de A à Z, que je puisse être endurante, physiquement, mentalement, émotionnellement. Je redoute les moments de travail qui peuvent être intenses et épuisants, mais je crois que Tu es là auprès de moi. Remplis-moi de ta paix.

Aide-moi aussi à faire face aux imprévus. Je veux garder les yeux fixés sur Toi, même au milieu des défis et dans les moments de fatigue. Permets-moi de rester concentrée sur l'objectif final, sachant que chaque contraction me rapproche de la rencontre avec mon enfant.

Père céleste, je te suis reconnaissante pour ta fidélité et ton amour inconditionnel. Tu es ma Forteresse, le Roc en qui je me confie,

Au nom de Jésus,

Amen.

Pour rencontrer d'autres femmes enceintes

C'est pourquoi, exhortez-vous réciproquement, et édifiez-vous les uns les autres, comme en réalité vous le faites.

1 Thessaloniciens 5:11

Seigneur,

Je ressens le besoin de partager avec des femmes qui sont dans la même situation que moi. S'il te plaît, que mon chemin puisse croiser celui d'autres femmes enceintes avec lesquelles je pourrai partager. Que nous puissions nous encourager mutuellement et parler ensemble de nos appréhensions et de nos rêves.

Seigneur, j'ai soif d'amitiés profondes, des amitiés dans lesquelles nous pouvons être vraies et nous soutenir les unes les autres. Comme les chrétiens des premiers temps, que nous puissions nous encourager mutuellement, porter nos fardeaux, prier les unes pour les autres. Que cette période de grossesse qui nous unit puisse aussi être le début d'une relation qui dure. Que nos rencontres puissent être des moments de partages bénis !

Merci Seigneur, car Tu ne laisses pas tes enfants seuls, et Tu as prévu que chaque membre de ton Église ait une place. Sa place.

Dieu, Tu es un Très Grand Dieu,

Au nom de Jésus, Amen.

Je prie pour mon foyer

Pour mon couple

Dieu les bénit et leur dit: Soyez féconds, multipliez, remplissez la terre, et l'assujettissez; et dominez sur les poissons de la mer, sur les oiseaux du ciel, et sur tout animal qui se meut sur la terre.

Genèse 1:28

Seigneur,

Merci pour l'amour que Tu as fait naître en nous. Maintenant que nous traversons cette nouvelle étape de notre vie, nous voulons encore te remettre nos cœurs. Aide-nous à grandir en tant que couple durant cette période.

Sois au milieu de nos communications. Qu'elles puissent se faire sereinement, de manière ouverte et sincère. Que nous puissions partager nos craintes, nos joies et nos espoirs alors que nous nous apprêtons à accueillir notre enfant. Guide-nous en cette saison, dans toutes les décisions que nous avons à prendre, mais aussi dans les projets que Tu as prévus pour notre foyer.

Remplis-nous de sagesse au milieu des désaccords qui pourraient survenir pour que nous puissions résoudre les conflits dans l'amour et l'écoute l'un de l'autre. Aide-nous à être patients et compréhensifs l'un envers l'autre alors que nous traversons les hauts et les bas de la grossesse. Apprends-nous l'humilité et la compassion pour comprendre nos préoccupations et nos besoins respectifs.

Seigneur, renforce aussi notre lien pendant cette période de grossesse. Aide-nous à trouver du temps pour prier ensemble, lire Ta Parole et nous soutenir mutuellement dans notre marche avec Toi. Permets-nous de grandir dans la foi et de trouver notre force et notre réconfort en Toi.

Au nom de Jésus-Christ,

Amen.

Pour faire face aux défis de la parentalité

Instruis l'enfant selon la voie qu'il doit suivre; Et quand il sera vieux, il ne s'en détournera pas.

Proverbes 22:6

Seigneur,

Je reconnais que ce rôle de parent est une grande responsabilité que Tu nous confies. J'aimerais te prier aujourd'hui pour que Tu nous accompagnes. Tu nous as appelés parents. Tu nous équiperas aussi en tant que parents.

Nous ne pouvons pas accomplir cette tâche par nos propres forces. Aussi, nous voulons nous confier en Toi et compter sur ta grâce de chaque jour. Que ton Saint-Esprit nous fortifie pour faire face aux défis de la parentalité avec courage et persévérance.

Pour l'éducation de nos enfants, remplis-nous aussi de ta sagesse. Renouvelle notre intelligence et permets-nous de discerner ta volonté, ce qui est bon, agréable et parfait.

Seigneur, accorde-nous ta patience lorsque les jours sont longs et les nuits sont courtes. Que nous puissions trouver du repos en Toi, sachant que Tu es notre refuge et la source de paix. Aide-nous Seigneur, à gérer les frustrations et les moments de stress avec calme et sagesse, en comptant sur ta direction. Tu es notre force, et en Toi nous trouvons notre secours.

Au nom de Jésus,

Amen.

Pour notre famille

Moi et ma maison, nous servirons l'Eternel.

Josué 24:15

Seigneur,

Merci pour ta grâce dans notre vie et dans notre famille.

Que notre foyer puisse être rempli de ton amour. Permets que chaque membre ressente et expérimente cet amour inconditionnel. Aide-nous à nous soutenir mutuellement, à nous encourager et à nous pardonner les uns les autres. Que notre maison soit un lieu de paix, de bienveillance et d'affection, où chacun se sente accepté, apprécié et aimé.

Seigneur, je te prie pour la communication dans notre famille. Aide-nous à nous écouter attentivement les uns les autres, à nous exprimer avec gentillesse et respect, et à résoudre les conflits avec sagesse et compréhension. Que nos paroles soient empreintes de bonté et de vérité, et que nos conversations soient remplies de bienveillance et d'encouragement.

Accorde-nous patience et tolérance les uns envers les autres. Que nous puissions voir avec ton regard, le regard d'un Père qui nous aime malgré nos imperfections et nos erreurs. Voir avec ton cœur, le cœur d'un Père qui nous corrige et nous relève quand nous trébuchons.

Que notre foyer soit bâti sur le Roc solide. Aide-nous à vivre selon tes principes, à chercher ta volonté dans nos décisions et à honorer ton Nom dans tout ce que nous faisons. Que notre maison soit un lieu où nous grandissons spirituellement ensemble, où nous lisons et méditons sur ta parole, et où nous te louons et te rendons grâce.

Merci Seigneur de tenir notre famille entre tes mains aimantes,

Au nom de Jésus,

Amen.

Pour les frères et sœurs

Soyez unis les uns aux autres par l'amour fraternel; préférez-vous en honneur les uns les autres.

Romains 12:10

Seigneur,

Nous voulons te remercier pour les enfants que Tu nous as déjà accordés jusqu'à maintenant. Alors que nous allons bientôt accueillir notre bébé, que ses grands frères et grandes sœurs puissent partager avec joie cette nouvelle saison de notre vie de famille. Prépare leur cœur à accueillir ce nouveau membre avec amour.

Accompagne-les Seigneur, dans ce changement. Qu'ils puissent être sensibles à ce miracle qu'est la vie. Remplis-les de ta tendresse et de ta bienveillance envers leur petit frère ou leur petite sœur. Apprends-leur aussi à être patients et compréhensifs face aux besoins et aux demandes d'attention de ce nouvel enfant. Qu'ils ne se sentent pas délaissés mais assurés que notre amour pour eux n'a pas changé.

Nous te prions pour des liens profonds et durables entre frères et sœurs. Qu'ils puissent grandir dans l'amour, dans l'amitié, dans le respect.

Seigneur, nous te demandons également de nous guider en tant que parents dans cette transition. Accorde-nous la sagesse de trouver un équilibre entre notre attention envers notre nouveau-né et nos autres enfants. Aide-nous à consacrer du temps individuel à chacun de nos enfants, pour que nos enfants puissent ressentir notre amour et notre soutien.

Nous te prions, Seigneur, pour que notre foyer soit rempli d'harmonie et de paix. Permets à nos enfants de grandir ensemble dans l'amour et la fraternité, en se soutenant et en s'encourageant les uns les autres. Donne-nous, en tant que parents, la patience et la bienveillance nécessaires pour résoudre les éventuels conflits et rivalités qui pourraient survenir.

Seigneur, nous te confions notre famille. Tu es Celui qui garde nos coeurs et nos relations. Que Ton amour et Ta grâce nous entourent,

Au nom de Jésus-Christ,

Amen.

Quand l'atmosphère est lourde à la maison

Soyez toujours humbles, doux et patients, supportez-vous les uns les autres avec amour, en vous efforçant de conserver l'unité de l'Esprit par le lien de la paix.

Éphésiens 4:2-3

Seigneur,

Je me sens incomprise et tellement seule dans cette période. Je suis triste quand le ton monte, et quand nous ne nous comprenons plus les uns les autres. Pardonne-moi pour mes accès de colère. Remplis mon cœur de ton amour et de ton pardon. Guéris mes blessures. Chasse mon amertume. J'ai besoin de ta paix. Nous avons besoin de ta paix. Pour notre foyer. Pour nos relations familiales. Nous voulons vivre en harmonie, et vivre cette période de notre vie entièrement sous tes ailes.

Pour les tensions, les conflits et les malentendus qui peuvent survenir, j'appelle ta paix. Que ce soit avec mon conjoint, avec mes enfants, avec d'autres membres de la famille ou les personnes qui nous entourent. Nous voulons ta paix dans notre vie.

Tu es le Dieu de la réconciliation. Non pas que nous fermions les yeux sur nos problèmes et sur nos différends. Mais nous voulons te les confier entièrement pour que Tu nous guides vers leurs résolutions, vers la solution que Tu as prévue selon ton plan parfait. Ouvre nos yeux, ouvre nos cœurs. Que nous puissions être à ton écoute et ne pas regarder qu'à nos propres intérêts. Que nous puissions discerner ce que Tu nous demandes de faire concrètement dans nos vies. Merci pour ta grâce, pour ton amour, et aussi pour ton intervention. Car c'est Toi qui restaures nos relations.

Je loue ton Nom de ce que Tu as prévu pour nous. Je loue ton Nom car je sais que Tu es là, présent, même dans nos difficultés. Je sais que Tu nous apprends durant cette période où nous ne comprenons plus grand chose. Je loue ton Nom,

Au nom de Jésus,

Amen.

Pour préparer le plan de naissance

Il y a dans le cœur de l'homme beaucoup de projets, Mais c'est le dessein de l'Eternel qui s'accomplit.

Proverbe 19:21

Seigneur,

Merci pour ce temps durant lequel Tu nous prépares à accueillir ce bébé que Tu nous confies. Je te prie spécialement aujourd'hui pour la préparation du plan de naissance. Accorde-nous la sagesse nécessaire pour prendre les bonnes décisions. Renouvelle notre intelligence, dirige-nous sur les questions importantes et les informations qui nous permettront de faire les meilleurs choix.

Tu tiens nos vies entre tes mains et nous voulons placer toute notre confiance en Toi. Guide nos réflexions, nos prises de décisions. Merci encore pour les personnes qui nous entourent. Pour la famille. Pour les amis. Les autres parents. Merci aussi pour le corps médical. Au milieu de tous les conseils que nous recevons, aide-nous à avoir une oreille attentive et discerner ce qui est le mieux pour nous.

Seigneur, nous voulons aussi nous rappeler que malgré tous nos plans, Tu es le Souverain et le Maître de chaque détail de cette grossesse et de cet accouchement. Il y a dans le cœur de l'homme beaucoup de projets, mais c'est le plan de l'Eternel qui s'accomplit.

Aussi, je te demande de nous accorder la paix et la confiance en tes desseins. Permets que nous puissions rester dans ton repos en sachant que Tu es le Créateur de la vie et que Tu as un plan parfait pour nous et notre enfant. Tu seras avec nous et Tu nous guideras tout au long du chemin,

Au nom de Jésus,

Amen.

Pour bien accueillir notre bébé à la maison

Mais Jésus les appela, et dit: Laissez venir à moi les petits enfants, et ne les en empêchez pas; car le royaume de Dieu est pour ceux qui leur ressemblent.

Luc 18:16

Seigneur,

Merci encore pour ce miracle de la grossesse. Je savoure la vie, ce précieux don qui nous vient de Toi. Quelle grâce de porter cet enfant dans mon ventre !

Seigneur, prépare nos cœurs et notre maison pour l'arrivée de notre enfant. Que nous puissions être prêts pour ce nouveau chapitre de notre vie. Remplis-nous de ton amour, ta patience et ta sagesse.

Aide-nous à créer un environnement paisible et aimant dans notre maison. Que ton Esprit Saint remplisse chaque pièce de ta présence et de ta grâce. Guide-nous dans la préparation de l'espace de vie de notre enfant, afin que tout soit prêt pour l'accueillir dans un foyer chaleureux et sécurisant.

Merci Seigneur car Tu nous bénis, Tu bénis notre enfant à naître. Tu le protèges de ta main paternelle. Merci pour chaque jour qui passe, durant lesquels Tu prépares chaque détail.

Prépare-nous aussi aux défis et aux joies de la parentalité. Nous te prions pour une sagesse particulière qui nous permettra de savoir concrètement comment prendre soin de notre enfant. Donne-nous aussi ta patience pour les nuits blanches et les moments difficiles. Seigneur, apprends-nous à élever l'enfant que Tu nous as confié dans la foi et l'amour.

Au nom de Jésus,

Amen.

Pour l'organisation du foyer

Dieu n'est pas un Dieu de désordre, mais de paix.

1 Corinthiens 14:33

Seigneur,

Tu es un Dieu Bon et plein de grâce. Tu n'es pas un Dieu de désordre mais un Dieu de paix.

Nous venons à Toi aujourd'hui pour l'organisation de notre foyer. Aide-nous à trouver des solutions permettant de gérer notre quotidien dans l'harmonie. Inspire-nous des routines adaptées à notre famille pour que nous puissions évoluer dans un environnement agréable.

Ce n'est pas facile de prendre en considération les besoins de chacun. Mais Toi, Tu nous connais, et Tu peux nous diriger vers une organisation qui conviendra à notre famille.

Apprends-nous à distinguer ce qui est précieux de ce qui est futile. Aide-nous à nous concentrer sur tes priorités.

Que nous puissions partager des moments de qualité, des occasions de grandir ensemble, de partager, de rire et de consolider nos liens familiaux. Sois présent au milieu de nous et que nous puissions encore ressentir ta joie et ton amour.

Au nom de Jésus,

Amen.

Pour un équilibre travail / foyer

Si quelqu'un ne prend pas soin des siens, et principalement de ceux de sa famille, il a renié la foi, et il est pire qu'un infidèle.

1 Timothée 5:8

Seigneur,

Tu nous as béni en nous accordant le travail dans lequel nous évoluons chacun aujourd'hui. Dirige-nous dans nos décisions, notamment maintenant que nous avons des enfants.

Nous sommes conscients de nos responsabilités. En tant que professionnels. Mais aussi, maintenant, en tant que parents. Face à ces choix importants concernant la garde d'enfants, les horaires de travail et la recherche d'un équilibre sain entre travail et foyer, nous cherchons des réponses.

Eclaire-nous par ton Saint Esprit. Que ta sagesse nous permette de discerner ce qui est le meilleur pour nos enfants, pour notre famille et pour nous-mêmes. Aide-nous à prendre des décisions qui favorisent un environnement rempli d'amour, tout en nous permettant d'accomplir nos responsabilités professionnelles.

Aide-nous à trouver des solutions pour la garde de nos enfants. Guide-nous vers des options adaptées aux besoins de notre enfant, et aux besoins de notre foyer. Que nous puissions trouver, selon ta volonté, des personnes de confiance pour prendre soin d'eux en notre absence.

Au travail, aide-nous aussi à gérer notre temps de manière efficace : savoir définir des limites raisonnables et prendre du temps pour notre foyer. Permets-nous de cultiver des moments de qualité avec nos enfants. Des moments où nous pouvons être présents les uns pour les autres, nous écouter mutuellement et nous soutenir.

Seigneur, Tu guides chacun de nos pas, que ton Nom soit loué en toutes circonstances,

Au nom de Jésus,

Amen

Pour nos nouveaux besoins

Ne vous inquiétez donc point, et ne dites pas: Que mangerons-nous? que boirons-nous? de quoi serons-nous vêtus? Car toutes ces choses, ce sont les païens qui les recherchent. Votre Père céleste sait que vous en avez besoin. Cherchez premièrement le royaume et la justice de Dieu; et toutes ces choses vous seront données par-dessus.

Matthieu 6:31-33

Seigneur,

Tu es le Dieu qui pourvoit. Alors que notre foyer s'agrandit, c'est également des besoins supplémentaires qui s'ajoutent à notre vie. Aussi, je te prie de pourvoir aux ressources nécessaires pour prendre soin de notre enfant, comme Tu l'as déjà fait pour nous-mêmes et notre foyer. Tu es un Dieu fidèle et Tu prends soin de ceux qui te cherchent.

Je remets entre tes mains nos besoins financiers pour nourrir, habiller et éduquer notre enfant. Merci Seigneur pour notre travail et pour toutes les autres sources de revenus auxquelles nous ne pensons même pas. Que notre conduite ne soit pas guidée par l'amour de l'argent, mais que nous puissions être reconnaissants de ce que Tu fais déjà dans nos vies. Tu es notre Berger, et Tu veilles sur nous.

Nous voulons garder en nos coeurs les priorités que Tu nous as prescrites : chercher ton Royaume et ta Justice. Car toutes les autres choses, Toi-même, Tu y pourvoiras. Tu es le Dieu qui prend soin des oiseaux. Tu es le Dieu qui habille les lys. Et à tes yeux, nous sommes encore bien plus précieux que tout cela. Quelle grâce !

Merci Seigneur,

Au nom de Jésus,

Amen

Je prie pour mon entourage

Pour les personnes qui assurent mon suivi médical

Mais les sages-femmes craignirent Dieu, et ne firent point ce que leur avait dit le roi d'Égypte; elles laissèrent vivre les enfants.

Exode 1:17

Seigneur,

Merci de me permettre d'être entourée durant cette grossesse. Merci pour les sages-femmes et les autres professionnels de santé qui m'accompagnent. Je reconnais que, comme Schiphra et Pua du temps de Moïse, ces personnes ont été appelées à exercer un rôle précieux dans la vie des femmes enceintes, de leurs bébés et de leurs familles.

Bénis leurs mains qui prennent soin de moi et de notre enfant. Bénis aussi leurs connaissances médicales et leur expertise. Qu'ils les utilisent avec sagesse et selon le plan que Tu as prévu. Accorde-leur une compréhension claire pour qu'ils puissent être à l'écoute et proposer les soins les plus adaptés à notre situation.

Je te prie pour leur métier. Ce qu'ils vivent au quotidien. Donne-leur une bonne santé pour accomplir leurs tâches quotidiennes. Qu'ils puissent aussi trouver du soutien et de l'encouragement dans leur travail. Oui, qu'ils soient eux-mêmes soutenus dans leurs propres besoins et préoccupations.

Seigneur, Tu es Celui qui nous a créés, mais Tu as aussi donné des compétences au corps médical pour suivre notre santé. Je veux prendre le temps de te remercier pour leur suivi, tout en me souvenant que Toi seul tiens ma vie entre tes mains. Merci pour tout ce personnel qui m'accompagne, merci pour leur dévouement, leur engagement. Merci pour qui ils sont.

Au nom de Jésus,

Amen.

Pour un suivi médical bienveillant

Et même les cheveux de votre tête sont tous comptés. Ne craignez donc point: vous valez plus que beaucoup de passereaux.

Luc 12:7

Seigneur,

Merci encore pour toutes les personnes qui m'accompagnent durant cette grossesse. Aujourd'hui, je te prie particulièrement pour ceux qui suivent ma santé.

Dirige leur cœur et leur attitude envers moi en tant que patiente. Qu'ils puissent être compatissants, patients et conscients de chaque vie qu'ils ont entre leurs mains. Que nous ne soyons pas que des "dossiers" à traiter.

Je te prie pour nos échanges : qu'ils puissent se faire avec douceur et respect. Que la communication puisse être fluide et que nous puissions nous comprendre les uns les autres, sans malentendus mais avec des paroles claires pour tous.

Seigneur, guide mes pas vers des personnes compétentes pour tout le suivi de ma grossesse. Des personnes bienveillantes et qui respectent mes convictions. Que tes mots soient sur mes lèvres lors de mes visites de contrôles : aide-moi à poser les bonnes questions, à demander les bonnes informations pour prendre des décisions conformes à ce que Tu as prévu pour nous.

Au nom de Jésus,

Amen.

Pour la sérénité dans mes relations sociales

Une réponse douce détourne la fureur, mais la parole qui blesse excite la colère.

Proverbe 15:1

Seigneur,

J'aimerais te confier ma relation avec ceux qui m'entourent. Pardonne-moi pour mes sautes d'humeur. Pardonne-moi lorsque je laisse mes émotions me submerger et que je m'emporte. J'ai besoin de Toi, plus que jamais, car c'est dans ces moments de faiblesse que Tu montres encore plus combien Tu es Puissant. Aide-moi à être douce, aimante et compréhensive. Accorde aussi à ceux qui sont autour de moi, en particulier mon conjoint, de me comprendre.

Merci Seigneur pour les personnes qui m'entourent, qui me soutiennent et qui m'encouragent. Merci aussi pour tous ceux qui prient pour moi en cette période de ma vie, mais aussi à chaque occasion. Merci pour cet amour qui nous unit. Merci pour ton amour,

Au nom de Jésus,

Amen

Pour les personnes touchées par l'infertilité

Car je connais les projets que j'ai formés sur vous, dit l'Éternel, projets de paix et non de malheur, afin de vous donner un avenir et de l'espérance.

Jérémie 29:11

Seigneur,

Alors que nous vivons une période pleine de bonheur dans l'attente de ce bébé que Tu nous as donné, j'ai à cœur de te prier pour toutes ces personnes qui sont confrontées à l'épreuve de l'infertilité. Sois leur réconfort dans leur frustration, leur chagrin, leur désespoir.

Aide-nous aussi à les épauler, sans les blesser par nos situations personnelles. Apprends-nous à les consoler, les encourager et les fortifier dans leur foi, à l'image de ce que Tu fais dans la vie de chacun.

Tu es le Créateur de la vie, et les enfants sont un don précieux venant de toi. Je te prie pour ceux qui ont ce profond désir d'être parents, mais qui font face à des difficultés et des obstacles pour concevoir un enfant. Accorde-leur de persévérer dans la foi tout en restant à l'écoute de ta volonté. Tes plans pour nous sont parfaits, et nous voulons continuer de croire que Tu es un Dieu Bon qui connaît ce qu'il y a de meilleur pour tes enfants.

Que ta paix soit sur chacun de nous,

Au nom de Jésus,

Amen

Pour les personnes qui ont perdu un enfant

L'Éternel est près de ceux qui ont le cœur brisé, et il sauve ceux qui ont l'esprit dans l'abattement.

Psaume 34:18

Seigneur,

Je pense à tous ces parents qui ont perdu leur enfant. Je te confie leur tristesse, leur détresse face à ce déchirement. Tu es Notre Consolateur et Tu guéris les cœurs brisés. Oui, Tu guéris aussi les blessures causées par cette perte. J'appelle ta paix sur leur situation. Ton réconfort. Tu restes auprès de ceux qui pleurent.

Seigneur, renouvelle leurs forces pour traverser cette période difficile. Que nous aussi, nous puissions être un soutien dans leur douleur. Que nous puissions avoir les mots et les comportements adaptés pour les entourer d'amour.

Je te prie que leur foi ne meurt pas, mais qu'ils puissent repartir debout, confiants en ton plan souverain. Tu es présent au milieu de leur douleur.

Oui, que ta consolation et ta paix inondent leur vie et restaurent leur espérance en toi.

Au nom de Jésus,

Amen.

Pour les mamans solos

Pourtant, je suis toujours avec toi, tu me tiens par la main droite. Tu me conduis par tes conseils et, ensuite, tu me recevras dans la gloire.

Psaume 73:23-24

Seigneur,

J'aimerais te porter en prière toutes ces femmes qui doivent traverser leur grossesse sans avoir le soutien de leur partenaire. Je te confie leur solitude et leur isolement.

Qu'elles puissent ressentir, encore davantage, ta présence réconfortante et ton amour compatissant. Seigneur, Tu es auprès d'elles et Tu leur tiens la main durant cette période et même après. Remplis leur cœur de force et de courage mais surtout de confiance en Toi.

Seigneur, je te prie de les entourer d'une communauté aimante et bienveillante. Famille, amis, entourage. Qu'elles puissent rencontrer des personnes qui les comprennent, les soutiennent et les accompagnent dans cette période de leur vie.

Pour tous leurs besoins et ceux de leur enfant, je crois que Tu pourvoiras selon ta grand bonté. Accorde-leur la santé, la force physique et émotionnelle dont elles ont besoin pour mener à bien leur grossesse.

Tu es notre Réconfort et notre Soutien. Permets-nous d'être toujours plus ancrés en Toi. D'être attachés au Cep et nourris comme des sarments. Pour toutes ces mamans, je te prie pour une sagesse particulière et la patience pour faire face aux défis de la maternité en solitaire. Guide-les dans leurs décisions, aide-les à trouver un équilibre entre leurs responsabilités et leurs propres besoins. Accorde-leur la grâce de gérer les moments de stress et de fatigue, et permets-leur de trouver des moments de joie et de célébration tout au long du chemin.

Merci car Tu es le Dieu qui entend toutes nos prières,

Au nom de Jésus,

Amen.